グラタン・ドリア
ワタナベマキ

introduction

子どものころから好きな料理のひとつに、グラタンがあります。
オーブンで焼いている香り、とろりとしたホワイトソース、甘い玉ねぎ、
柔らかいマカロニ、チーズがからんだ濃厚な味。
懐かしい味の記憶として残っています。
今でも、ふとしたときに食べたくなるグラタン。
老舗の洋食屋さんやホテルなどで「グラタン」の文字を見つけると、ついつい注文してしまったり、
グラタンにはいつの時代も誰もが引きつけられる力のある料理だと私は思っています。
そして、一口食べると懐かしい記憶が蘇る、「うれしくて、おいしい料理」です。
私が幼い頃の、夕ご飯がグラタンだとわかった時のうれしい！と思う気持ちは、
今、自分の子どもにも確かに受け継がれていると思います。

今回この本を作るにあたって、誰でも上手に作れる王道のレシピを入れたいと思いました。
ホワイトソース、トマトソース、ミートソース、
どれも昔も今も家庭で作り続けられていく王道のソースです。

この基本のソースを使って季節の野菜とシンプルに組み合わせた、
ソースを味わうグラタンレシピをのせました。

具をソテーしてソースとチーズをのせてオーブンで焼く。
とってもシンプルな作り方なのに、
どこか懐かしいものや、今まで食べたことのない新しい味のもの。

たくさんのグラタンを味わっていただきたくてこれぞというレシピを1冊にまとめました。

今回は基本のソースを使う以外にもオイル焼きやマヨネーズ焼きなど、
オーブンだけではなく、トースターでも手軽に食べたいときにすぐ作れるレシピものせています。

みなさんの記憶のなかにこの本のレシピが刻まれ、
誰かに受け継がれてもらえたらとてもうれしく思います。

夕食に焼きたてのグラタンを、
友だちとの集まりにワインと一緒に、
いろいろなシーンでこの1冊が役立ってもらえることを願っています。

ワタナベマキ

03　Introduction

Chapter 1
おいしいソースで
ごちそうグラタン

ホワイトソース

- 12　ホワイトソースの作り方
- 14　マカロニグラタン
- 16　帆立とチコリのグラタン
- 18　じゃがいもとアンチョビの
　　　クリーミーグラタン
- 20　鮭とかぶのグラタン
- 21　スイートコーンのドリア
- 22　カリフラワーと卵のホワイトグラタン
- 23　さつまいもと豚肉のセージ風味グラタン
- 26　かきとほうれん草のクリームグラタン
- 28　アスパラガスとあさりのドリア
- 30　ねぎとじゃがいものグラタン
- 31　たらとじゃがいものグラタン
- 32　白いんげん豆とベーコンのグラタン
- 33　里いもとかきの白みそクリームグラタン
- 34　長いもと鶏肉のグラタン
- 36　シンプルマッシュルームのドリア
- 38　丸ごとメークインのホワイトソース焼き
- 39　餅と長ねぎの明太子グラタン

トマトソース

- 42　トマトソースの作り方
- 44　なすのトマトソースグラタン
- 46　いわしとバジルのトマトグラタン
- 48　ブロッコリーとミートボールのグラタン
- 50　きのことラムのトマトグラタン
- 52　ムール貝とキャベツのトマトグラタン
- 54　牛肉とかぼちゃのトマトグラタン
- 56　コンビーフと卵のグラタン
- 58　ソーセージと金時豆のトマトグラタン
- 59　さばとねぎのアラビアータ焼き
- 60　鶏肉とセロリのグラタン
- 61　えびとズッキーニとニョッキのグラタン

ミートソース

- 66　ミートソースの作り方
- 68　ミートペンネグラタン
- 70　ロースト玉ねぎと
　　　モッツァレラのミートグラタン
- 72　しゃきしゃき根菜のミートドリア
- 73　シェパーズパイ
- 76　パプリカのミートソースグラタン
- 77　ズッキーニのミートグラタン
- 78　きのこと長ねぎの玄米ドリア
- 79　大豆となすのミートグラタン
- 80　米なすのステーキ風ミートソース
- 81　いんげんとれんこんのミートグラタン

contents

Chapter 2
素材を楽しむ
クイックグラタン

- 84　鶏手羽のペッパー焼き
- 86　かじきのカレーマリネ焼き
- 88　ささみと長ねぎのわさびオイル焼き
- 90　ソーセージと野菜のマスタード焼き
- 91　なすのヨーグルト焼き
- 92　アスパラのゴルゴンゾーラ焼き
- 94　トマトファルシのオーブン焼き
- 96　かぶの酒粕焼き
- 97　ブロッコリーと生ハムのグラタン
- 100　アボカドのレモンヨーグルトグラタン
- 102　いかとミニトマトのレモン焼き
- 103　キャベツとしらすのオイル焼き
- 104　トマトの塩焼き
- 105　ちくわと玉ねぎの柚子こしょうマヨネーズ焼き
- 106　白菜と搾菜のナッツオイル焼き
- 107　えびのガーリック焼き
- 110　万願寺唐辛子のオイル焼き
- 113　かぼちゃの豆腐クリーム焼き
- 113　帆立の豆腐クリーム焼き

Chapter 3
甘くてアツアツ
フルーツグラタン

- 116　オレンジのリキュールマリネ焼き
- 118　りんごとナッツのカスタードグラタン
- 120　さつまいものレーズンバターグラタン
- 122　無花果とラム酒のオーブン焼き
- 124　バナナとマシュマロのメープルグラタン
- 126　洋梨のプティンググラタン

【レシピ表記について】
◎計量単位は、1カップ＝200㎖、大さじ1＝15㎖、
　小さじ1＝5㎖です。

【オーブン、オーブントースターについて】
◎オーブン、オーブントースターに入れる
　調理器具は、耐熱性のものを使ってください。
◎オーブンは上下段のうち下段で加熱してください。
◎オーブンは必ず予熱をしてください。
　オーブントースターもできれば予熱をしてください。
◎機種によって焼き上がりに差が出る場合があります。
　レシピの焼き時間は目安として考えて、
　様子を見ながら加熱してください。
◎オーブントースター調理で焦げそうな場合は、
　途中でアルミホイルをかぶせて様子を見ながら
　加熱してください。

GRATIN & DORIA

Chapter 1

おいしいソースで
ごちそうグラタン

ソースをかけて焼く。
すると、表面にはこんがり焦げ目がついて、
ソースの味が具全体をじんわりと包み込んで一体となります。
それがグラタン・ドリアの一番の魅力です。
ソースは味の要になりますから、ぜひ手作りしましょう。
ここではベーシックな3種類のソースと
それを使ったグラタン、ドリアをご紹介します。

グラタンといえば、やっぱりホワイトソース！　焼き上がったときに広がるクリーミーな香り、器の中でふつふつとしている様子にワクワクせずにはいられません。コクはあっても味の主張は強すぎないから、野菜やパスタ、ご飯など、具との組み合わせによって違うおいしさが楽しめます。

材料は牛乳、バター、薄力粉、あとは塩、こしょうが少々。家にあるものですぐに作れます。作り方もいたってシンプルですから、あわてずていねいにやれば初めてでも失敗することはありません。ポイントを覚えてぜひ作ってみてください。

作りたてはとろーっと流れる感じですが、冷めるとぽってりしたちょうどよいかたさになります。

より濃厚なソースにしたい場合は、牛乳の半量を生クリームにかえるとよいでしょう。

グラタンの王道
ホワイトソース

Point

- バターの水分をとばすと香りが引き立ちます。
- 牛乳を常温に戻して入れればダマになりません。
- へらは、絶えず鍋底をこするように動かして。
- 弱めの中火でしっかり火を通せば、粉っぽくなりません。

White sauce

ホワイトソース
How to make White sauce

材料 作りやすい分量／でき上がり約3カップ分

バター ………………… 50g
薄力粉 ………………… 50g
牛乳 …………………… 500㎖
塩 ……………………… 小さじ1/3
こしょう ……………… 少々

＊牛乳250㎖、生クリーム250㎖にすると
　より濃厚なソースになります。

下準備
・薄力粉をふるう。
・牛乳を常温に戻す。
　冷たいままだと
　バターが固まって
　ダマになりやすい。

保存方法
・冷蔵庫で2日くらいはもちます。
・冷凍する場合は、使いやすい分量に分けて
　冷凍用のジッパー付きポリ袋や密閉容器に入れ、
　冷凍庫へ。1カ月くらいを目安に使いましょう。

作り方

1　バターを溶かす

鍋にバターを入れて中火で溶かす。ふつふつと泡立たせ、バターの水分を少しとばして香りを引き出す。

2　薄力粉を炒める

弱めの中火にし、薄力粉を加えて焦がさないようにゆっくり3分ほど炒める。焦げつきそうだったら火を弱める。

3　牛乳を少しずつ加える

牛乳を少量ずつ加える。へらを鍋底にしっかり当てて動かしながら、1/4カップくらいを目安に少しずつ加える。

4　よく混ぜてなじませる

全体がなじむまでよく混ぜ合わせ、さらに牛乳を加えて混ぜるを繰り返す。

5　なめらかになるまで混ぜる

牛乳を全量入れたら、絶えずへらで底をこするように動かしつつ、全体がなめらかになるまで混ぜ合わせる。

6　とろみがついたら、でき上がり

へらを前後にスーッと動かし、少し筋が残る程度までとろみがついたらでき上がり。塩、こしょうを加えて混ぜ、火を止める。

マカロニグラタン

洋食屋さんのなつかしい味。
玉ねぎと鶏肉は外せない組み合わせです。
チーズは、加熱するとおいしさを増す
グリュイエールチーズを使いましょう。
グラタンの仕上がりが格段に違ってきます。

オーブン：220℃／6分
トースター：5分

材料　2人分

ホワイトソース	1と1/2カップ
マカロニ	50g
鶏もも肉	100g
玉ねぎ	1/2個
バター	20g
白ワイン	1/4カップ
塩	小さじ1/4
こしょう	少々
グリュイエールチーズ（またはピザ用チーズ）	40g
パン粉	20g

作り方

1. 鍋に湯を沸かして塩（分量外／2ℓに対して大さじ1）を入れ、マカロニを袋の表示通りにゆでる。
2. 鶏肉は皮を取って1.5cm角に切る。玉ねぎは幅2mmに切る。
3. フライパンにバターを入れて中火で溶かし、鶏肉、玉ねぎを炒める。肉の色が変わってきたら白ワインを加える。ひと煮立ちしたら弱火にし、3分ほど煮る。
4. ゆでたマカロニ、ホワイトソース、塩、こしょうを加えて混ぜる。耐熱皿に入れ、削ったチーズをかけてパン粉をふり、220℃に温めたオーブンで6分焼く。

帆立とチコリのグラタン

ほろ苦いチコリにこんがりと焼き目をつけて、
甘みのある帆立をのせるだけ。
チコリはごろんと大きく切って、
食感と形の良さを生かしましょう。

オーブン：200℃／10分
トースター：8分

材料　2人分

ホワイトソース	1と1/2カップ
チコリ	3個
帆立貝柱(刺身用)	8個
長ねぎ	1/2本
オリーブ油	小さじ2
白ワイン	1/4カップ
塩	小さじ1/4
こしょう	少々
グリュイエールチーズ（またはピザ用チーズ）	40g
フェンネル(ディルでも可)	適量

作り方

1. チコリは縦2等分に切る。ねぎは斜め薄切りにする。
2. フライパンにオリーブ油を中火で熱し、チコリとねぎを入れて上下を返しながら焼き目がつくまで焼く。白ワインを加えてふたをする。弱火で10分ほど蒸し焼きにし、塩、こしょうをふる。
3. 耐熱皿に入れて帆立貝柱をのせ、ホワイトソース、削ったチーズをかける。200℃に温めたオーブンで10分焼き、きざんだフェンネルを散らす。

じゃがいもとアンチョビの クリーミーグラタン

アンチョビの塩けとうまみが絶妙なアクセントに！
白ワインによく合う、繰り返し作っても
飽きない組み合わせです。

■ オーブン：200℃／10分
　トースター：8分

材料　2人分

ホワイトソース	1と1/2カップ
じゃがいも	2個
アンチョビ（フィレ）	4切れ
にんにく	1かけ
オリーブ油	大さじ1
白ワイン	大さじ3
グリュイエールチーズ（またはピザ用チーズ）	30g

作り方

1. じゃがいもは皮をむいて幅3mmに切る。にんにくはつぶす。アンチョビはみじん切りにする。
2. フライパンにオリーブ油とにんにく、アンチョビを入れて中火にかける。香りが立ったらじゃがいもを加えてサッと炒める。白ワインを加えてふたをして、弱火で5分ほど蒸し焼きにし、ホワイトソースを加えて混ぜる。
3. 鋳物のフライパン（または耐熱皿）に入れて削ったチーズをかける。200℃に温めたオーブンで10分焼く。

グリュイエールチーズのすすめ

グリュイエールチーズは、加熱をすると香り、味が引き立つチーズなのでグラタンにはおすすめです。ご紹介しているレシピはみなピザ用チーズでも作れますが、チーズを変えると焼き上がりの表情、香り、味が格段によくなります。

鮭とかぶのグラタン

| オーブン：200℃／12分 |
| トースター：10分 |

鮭＋ホワイトソースの黄金コンビに優しい甘さのかぶをプラス。
かぶは食感を生かしたいのでサッと炒める程度でかまいません。

材料　2人分

ホワイトソース	1と1/2カップ
生鮭の切り身	2切れ
かぶ	2個
玉ねぎ	1/2個
ほうれん草	1/3わ
にんにく	1かけ
塩(生鮭下味用)	小さじ3/4
オリーブ油	小さじ1
白ワイン	大さじ3
塩	少々
こしょう	少々
グリュイエールチーズ（またはピザ用チーズ）	40g

作り方

1. 鮭は4〜5等分に切って下味用の塩をふって20分ほどおき、水けを拭く。かぶは葉を切り落とし、6等分のくし形切りにする。玉ねぎ、にんにくは薄切りにする。ほうれん草は長さ3cmに切る。

2. フライパンにオリーブ油とにんにくを入れて中火にかけ、にんにくが色づいてきたら鮭を入れて表面に焼き目をつける。かぶ、玉ねぎ、ほうれん草を加えてサッと炒め、白ワインをふる。ふたをして弱火で3分ほど蒸し焼きにし、塩、こしょうをふる。

3. 耐熱皿に入れ、ホワイトソース、削ったチーズをかける。200℃に温めたオーブンで12分焼く。

スイートコーンのドリア

オーブン：200℃／8分
トースター：6分

クリーム状のスイートコーンを使うと、ご飯と一体になってコーンの甘みが生かせます。
玉ねぎ以外の野菜を入れずにシンプルに。

材料　2人分

ホワイトソース	1と1/2カップ
ご飯	茶碗1杯分
スイートコーン（缶詰／クリーム）	1缶(190g)
玉ねぎ	1/2個
オリーブ油	小さじ2
白ワイン	大さじ2
塩	少々
こしょう	少々
グリュイエールチーズ（またはピザ用チーズ）	30g
パン粉	大さじ1
パセリ	適量

作り方

1. 玉ねぎはみじん切りにする。
2. フライパンにオリーブ油を中火で熱し、玉ねぎを透き通るまで炒める。ご飯、スイートコーンを加えて全体がなじむまで炒め合わせ、白ワイン、塩、こしょうをふる。
3. 耐熱皿に入れ、ホワイトソース、削ったチーズをかけてパン粉を散らす。200℃に温めたオーブンで8分焼く。みじん切りにしたパセリを散らす。

カリフラワーと卵の
ホワイトグラタン

さつまいもと豚肉の
セージ風味グラタン

カリフラワーと卵の
ホワイトグラタン

カリフラワーのホクホクっとした
食感を残して焼き上げます。
ゆで卵をくずしながら食べると、
ソースと混ざって立体感のある味わいに。

オーブン：200℃／12分
トースター：8分

材料　2人分

ホワイトソース	1と1/2カップ
カリフラワー	1/2個
固ゆで卵	2個
玉ねぎ	1/2個
オリーブ油	大さじ1
白ワイン	大さじ3
塩	小さじ1/3
こしょう	少々
ナツメグ	少々
グリュイエールチーズ（またはピザ用チーズ）	20g
パン粉	20g
イタリアンパセリ	2枝

作り方

1. カリフラワーは小房に分け、玉ねぎは薄切りにする。ゆで卵は殻をむいて幅7〜8mmの輪切りにする。
2. フライパンにオリーブ油を中火で熱し、カリフラワーと玉ねぎを炒める。玉ねぎが透き通ったら白ワインを加えてふたをする。弱火で8分ほど蒸し焼きにして塩、こしょう、ナツメグをふる。
3. 耐熱皿に入れ、ゆで卵をのせてホワイトソース、削ったチーズをかける。パン粉を散らして200℃に温めたオーブンで12分焼く。きざんだイタリアンパセリを散らす。

さつまいもと豚肉の
セージ風味グラタン

さつまいもの甘みに豚肉がよく合います。
ハーブを加えることで味がひきしまります。

オーブン：200℃／10分
トースター：7〜8分

材料　2人分

ホワイトソース	1と1/2カップ
豚ロース肉(ソテーとんカツ用)	2枚
さつまいも	200g
玉ねぎ	1/2個
オリーブ油	小さじ2
白ワイン	80ml
セージ	適量
塩	小さじ1/4
こしょう	少々
グリュイエールチーズ	
(またはピザ用チーズ)	40g

作り方

1. さつまいもは皮つきのまま幅1.5cmの輪切りにし、玉ねぎは幅2mmに切る。豚肉は幅1.5cmに切る。
2. フライパンにオリーブ油を中火で熱し、豚肉を炒める。かるく焼き目がついたら玉ねぎ、さつまいもを加え、玉ねぎがしんなりするまで炒める。
3. 白ワインを加え、ひと煮立ちしたら弱火にし、セージ、塩、こしょうを加えてふたをして8分ほど蒸し焼きにし、セージを取り出す。
4. 耐熱皿に入れてホワイトソース、削ったチーズをかける。200℃に温めたオーブンで10分焼き、取り出しておいたセージをのせる。

かきとほうれん草の
クリームグラタン

冬には絶対食べたい組み合わせ！
かきは粉をまぶして焼きつけ、プリッとした身をキープ。
香ばしくなってクセもやわらぎます。

オーブン：200℃／10分
トースター：8分

材料　2人分

ホワイトソース	1と1/2カップ
かき(加熱用)	6個
ほうれん草	1/2わ
長ねぎ	1/2本
薄力粉	適量
オリーブ油	大さじ1
白ワイン	大さじ2
塩	少々
こしょう	少々
グリュイエールチーズ（またはピザ用チーズ）	30g

作り方

1. かきは片栗粉大さじ2(分量外)をふってかるくもみ、流水で粉と汚れをよく落とす。水けを拭いて薄力粉をまぶす。ほうれん草は長さを5等分に切る。ねぎは斜め薄切りにする。

2. フライパンにオリーブ油を中火で熱し、かきを入れて両面に焼き目をつける。ほうれん草、ねぎを加えてサッと炒め、白ワインを加えてふたをする。弱火で5分ほど蒸し焼きにして塩、こしょうをふる。

3. 耐熱皿に入れ、ホワイトソース、削ったチーズをかける。200℃に温めたオーブンで10分焼く。

アスパラガスとあさりのドリア

あさりのうまみがしみ込んだ
ご飯のおいしさといったら！
仕上げにバジルを散らすと、
さわやかな香りが楽しめます。

オーブン：200℃／8分
トースター：7〜8分

材料　2人分
ホワイトソース …………………… 1と1/2カップ
ご飯 ……………………………… 茶碗2杯分
グリーンアスパラガス(細いもの) … 4〜5本
あさり(むき身) …………………… 80g
玉ねぎ …………………………… 1/2個
オリーブ油 ……………………… 小さじ2
白ワイン ………………………… 大さじ3
塩 ………………………………… 少々
こしょう ………………………… 少々
グリュイエールチーズ
　(またはピザ用チーズ) ………… 40g
バジル(あれば) ………………… 5枚

作り方

1. アスパラガスは根元のかたい部分の皮をむき、長さ2cmに切る。玉ねぎはみじん切りにする。
2. フライパンにオリーブ油を中火で熱し、玉ねぎを透き通るまで炒める。アスパラガス、あさりを加えてサッと炒め、白ワインを加える。ひと煮立ちしたらご飯を加え、汁を吸わせるように炒め合わせて塩、こしょうをふる。
3. 耐熱皿に入れ、ホワイトソース、削ったチーズをかけて200℃に温めたオーブンで8分焼く。細切りにしたバジルを散らす。

ドリアのおいしさの秘密は具のうまみ！

ご飯を炒めたあとにオーブンで焼くことで、具から出る汁け、ソースのうまみをご飯が吸います。一体感のあるおいしさがドリアの醍醐味！ 貝類やきのこ、根菜などうまみの強い素材と組み合わせるのがおすすめです。

材料　2人分

ホワイトソース	1と1/2カップ
長ねぎ(リーキ、下仁田ねぎなどの太ねぎ)	2本
じゃがいも	2個
オリーブ油	大さじ1
白ワイン	1/4カップ
塩	小さじ1/3
こしょう	少々
グリュイエールチーズ（またはピザ用チーズ）	30g
粗挽き黒こしょう	適量

作り方

1 ねぎは幅1cmの小口切りにする。じゃがいもは皮をむいて6等分に切り、水にサッとさらして水けを拭く。

2 フライパンにオリーブ油を中火で熱し、ねぎとじゃがいもを入れて焼き目がつくまで焼く。白ワインを加えてふたをする。弱火で3分ほど蒸し焼きにし、塩、こしょうをふる。

3 耐熱皿に入れ、ホワイトソース、削ったチーズをかける。200℃に温めたオーブンで10分焼く。粗挽き黒こしょうをふる。

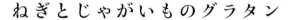

ねぎとじゃがいものグラタン

じっくり焼いて甘みが増した太ねぎは格別！
じゃがいも、ホワイトソースとのバランスもいい。

オーブン：200℃／10分
トースター：8分

たらとじゃがいものグラタン

たらは塩をして水けを出し、うまみを凝縮させて使います。
じゃがいもを粉ふきにするので、よりホクホクっとした食感に。

オーブン：200℃／10分
トースター：8分

材料　2人分

ホワイトソース	1と1/2カップ
生たらの切り身	2切れ
じゃがいも	2個
玉ねぎ	1個
塩(生たら下味用)	小さじ3/4
オリーブ油	大さじ1
白ワイン	大さじ2
塩	少々
こしょう	少々
グリュイエールチーズ （またはピザ用チーズ）	30g
ディル	適量

作り方

1　たらは下味用の塩をまぶして半日ほど冷蔵庫におき、水けを拭いて2〜3等分に切る。玉ねぎは薄切りにする。

2　じゃがいもは皮をむき、6等分くらいに切って鍋に入れ、かぶるくらいの水を注いで中火にかける。沸騰したら弱火にし、8分ほどゆでて湯をすて、鍋を揺すって水分をとばし、粉ふきいもにする。

3　フライパンにオリーブ油を中火で熱し、たら、玉ねぎを入れて上下を返しながらたらに焼き目がつくまで焼いて、白ワインを加えてふたをする。弱火で5分ほど蒸し焼きにし、塩、こしょうをふる。

4　耐熱皿に粉ふきいもと3を入れる。ホワイトソース、削ったチーズをかけ、200℃に温めたオーブンで10分焼く。きざんだディルを散らす。

白いんげん豆とベーコンのグラタン

ゆでた豆に厚切りベーコンのうまみが合わさって、
コクのある優しい味わいに。

オーブン：200℃／10分
トースター：8分

材料　2人分

ホワイトソース	1カップ
白いんげん豆(ゆでたもの)	150g
ベーコン(厚切り)	60g
玉ねぎ	1/2個
にんにく	1かけ
オリーブ油	小さじ1
白ワイン	大さじ3
塩	少々
こしょう	少々
グリュイエールチーズ（またはピザ用チーズ）	30g
粗挽き黒こしょう	少々

＊白いんげん豆は戻してゆでたものが
　一番おいしいですが、なければ水煮缶でも。

作り方

1. 玉ねぎ、にんにくは薄切りに、ベーコンは幅1cmに切る。
2. フライパンにオリーブ油とにんにくを入れて弱めの中火で炒める。にんにくが色づいたら玉ねぎを加えて透き通るまで炒める。白いんげん豆、白ワインを加えてひと煮立ちさせて塩、こしょうをふる。
3. 耐熱皿に入れ、ホワイトソース、削ったチーズをかける。200℃に温めたオーブンで10分焼く。粗挽き黒こしょうをふる。

里いもとかきの白みそクリームグラタン

みそと乳製品は相性抜群。
みその風味で、ちょっと和を感じるグラタンに。

材料 2人分

ホワイトソース	1と1/2カップ
かき(加熱用)	8個
里いも	4個
長ねぎ	1/2本
薄力粉	適量
オリーブ油	小さじ2
塩	少々
こしょう	少々
白ワイン	大さじ2
白みそ	大さじ1
グリュイエールチーズ （またはピザ用チーズ）	40g

オーブン：200℃／10分
トースター：8分

作り方

1. かきは片栗粉大さじ2(分量外)をふってかるくもみ、流水で粉と汚れをよく落とす。水けを拭き、薄力粉を薄くまぶす。里いもは皮をむいて幅1cmの輪切りにする。ねぎは斜め薄切りにする。

2. フライパンにオリーブ油を中火で熱し、里いも、ねぎを炒める。里いもに竹串が刺さるくらいになったら(堅めでよい)かきを加え、焼き目がつくまで焼いて塩、こしょうをふる。

3. 白ワインを加えてふたをして、弱火で5分ほど蒸し焼きにして白みそを加える。耐熱皿に入れてホワイトソースをかけ、削ったチーズもかける。200℃に温めたオーブンで10分焼く。

材料　2人分

ホワイトソース	…………	1と1/2カップ
長いも	………………	150g
鶏もも肉	……………	1枚(200g)
玉ねぎ	………………	1/2個
ローズマリー	…………	1枝
オリーブ油	……………	大さじ1
白ワイン	………………	大さじ2
塩	…………………	少々
こしょう	………………	少々
グリュイエールチーズ		
（またはピザ用チーズ）	…	40g

長いもと鶏肉のグラタン

焼いた長いもは、生とはまた違ったおいしさがあります。
ローズマリーを入れると風味が増して、
淡白な素材同士でも味にメリハリのきいたグラタンに。

オーブン：200℃／12分
トースター：10分

作り方

1. 長いもはたわしなどでよく洗い、皮つきのまま厚さ1cmの輪切りにする。玉ねぎは薄切りにする。鶏肉は皮をとって2cm角に切る。
2. フライパンにオリーブ油を中火で熱し、長いも、鶏肉、ローズマリーを入れて上下を返しながら全体に焼き目をつける。玉ねぎを加えて炒め、透き通ったら白ワインを加えてひと煮立ちさせ、塩、こしょうをふる。
3. 耐熱皿に入れ、ホワイトソース、削ったチーズをかける。200℃に温めたオーブンで12分焼く。

シンプル
マッシュルームのドリア

あえてマッシュルームと香味野菜だけ、がポイント。
味がぼやけず、マッシュルームの風味とうまみを堪能できます。

オーブン：200℃／8分
トースター：6分

材料　2人分

ホワイトソース	1と1/2カップ
ご飯	茶碗2杯分
マッシュルーム	6個
玉ねぎ	1/2個
セロリ	8cm
オリーブ油	小さじ2
白ワイン	大さじ2
塩	少々
こしょう	少々
グリュイエールチーズ（またはピザ用チーズ）	30g
粗挽き黒こしょう	少々

作り方

1. マッシュルームはあれば石づきを取り、4等分に切る。玉ねぎ、セロリはみじん切りにする。
2. フライパンにオリーブ油を中火で熱し、1を入れて炒める。玉ねぎが透き通ったらご飯を加えて炒め合わせ、白ワイン、塩、こしょうと1/2量のホワイトソースを加えて混ぜ合わせる。
3. 耐熱皿に入れ、残りのホワイトソース、削ったチーズをかける。200℃に温めたオーブンで8分焼く。粗挽き黒こしょうをふる。

丸ごとメークインのホワイトソース焼き

オーブン：200℃／10分
トースター：8分

丸ごとで焼くから皮はパリッ、中はしっとり。
メークインならではのグラタンです。ディルの香りもポイント。

材料　2人分

ホワイトソース	1カップ
メークイン	2個
白ワイン	大さじ2
ディル	2枝
グリュイエールチーズ（またはピザ用チーズ）	30g

作り方

1. メークインはよく洗って皮つきのまま十文字の切り込みを入れて蒸し器で20分ほど蒸す。ホワイトソースに白ワインを混ぜる。ディルはおおまかに切る。

2. 鋳物のフライパン（または耐熱皿）にメークインをのせ、ホワイトソース、ディル、削ったチーズをかける。200℃に温めたオーブンで10分焼く。

＊メークインの下ごしらえは蒸し器がおすすめですが、電子レンジ(600W)を使うならラップをかけて約13分加熱して。

餅と長ねぎの明太子グラタン

オーブン：180℃／12分
トースター：10分

餅がやわらかくなるよう、
低めの温度でじっくり焼きます。

材料　2人分

ホワイトソース	1カップ
角切り餅	4個
長ねぎ	1/2本
明太子	1腹
オリーブ油	小さじ2
白ワイン	大さじ2
塩	少々
グリュイエールチーズ（またはピザ用チーズ）	30g

作り方

1. 餅は1cm角に切る。ねぎは斜め薄切りにする。明太子は薄皮を取り除いて身をほぐす。
2. フライパンにオリーブ油を中火で熱し、ねぎを炒める。透き通ったら餅と白ワインを加えてサッと炒め合わせ、塩をふる。
3. 耐熱皿に入れて明太子をのせ、ホワイトソース、削ったチーズをかける。180℃に温めたオーブンで12分焼く。

色鮮やかで、見た目のよさからも食欲がそそられるトマトソース。さっぱりした酸味とうまみで、トマトらしいフレッシュさが持ち味です。チーズをかけて焼いても重くなりすぎず、かろやかに食べられるのも魅力。なすをはじめ、パプリカやブロッコリーなど、どんな野菜ともよく合います。オーブンでじっくり焼くと、ソースのうまみが具によくなじみます。
短時間でできるので、思い立ったときにすぐ作れる手軽さがうれしいし、パスタにからめたり、肉のソテーにかけたりと、そのまま食べてもおいしいので、覚えておくと便利なソースです。
ポイントは、香味野菜をしっかり炒めて香りと甘みと油をプラスすること。白ワインやローリエの風味も欠かせないので、省かずに使ってください。

コクはありつつ、トマトらしい
フレッシュ感が楽しめる
トマトソース

Point

・弱火でにんにくを炒め、油に香りを移しましょう。
・玉ねぎは透き通るまでしっかり炒めると、
　自然な甘みが引き出せます。
・少し煮詰めることで、トマトのうまみが凝縮します。
・少量でも白ワインは入れましょう。
　ワインの酸味と風味でソースの味に深みが出ます。

Tomato sauce

トマトソース
How to make Tomato sauce

材料 作りやすい分量／でき上がり約4カップ分

トマト水煮(缶詰)	2缶(800g)
玉ねぎ	1個
にんにく	1かけ
ローリエ	1枚
オリーブ油	大さじ1
白ワイン	40ml
トマトペースト	大さじ1
塩	小さじ1

下準備
・玉ねぎをみじん切りにする。
・にんにくをみじん切りにする。

保存方法
・冷蔵庫で4日くらいはもちます。
・冷凍する場合は、使いやすい分量に分けて冷凍用のジッパー付きポリ袋や密閉容器に入れ、冷凍庫へ。1カ月くらいを目安に使いましょう。

45

作り方

1　にんにくを炒める

鍋にオリーブ油とにんにくを入れ、弱めの中火にかけて炒める。にんにくは焦がさないよう、油が冷たいうちに鍋に入れ、ゆっくり炒めて火を通す。

2　玉ねぎが透き通るまで炒める

にんにくが色づいたら玉ねぎ、ローリエを加えてしっかり炒める。玉ねぎが透き通るくらいまでになると、水分が抜けて甘みが出てくる。

3　トマトの水煮を加える

トマトの水煮を加えて果肉を木べらなどでしっかりつぶして混ぜる。

4　白ワインを加える

白ワインも加えてひと煮立ちさせる。煮立つまでの間、アクが出てきたらすくい取る。

5　煮詰める

トマトペースト、塩を加え、焦げないようにときどき木べらで混ぜながら10分ほど煮る。水分をとばしてうまみを凝縮させるので、ふたはしなくてよい。

なすのトマトソースグラタン

くたっとやわらかくなってソースとからんだ
なすのおいしさは、肉なしでもメインになる満足度!
オーブン焼きならではの味わいです。

オーブン：200℃／10分
トースター：8分

材料　2人分
トマトソース ……………… 1と1/2カップ
なす ……………………… 4本
にんにく ………………… 1かけ
オリーブ油 ……………… 大さじ3
白ワイン ………………… 大さじ2
塩 ………………………… 小さじ1/3
こしょう ………………… 少々
グリュイエールチーズ
　（またはピザ用チーズ）…… 40g
タイム(あれば)…………… 1〜2枝

作り方

1. なすはへたを落として縦半分に切り、皮に5mm間隔で斜めに切り込みを入れる。水に5分さらして水けをきる。にんにくは薄切りにする。
2. フライパンにオリーブ油とにんにくを入れて中火で熱し、にんにくが色づいてきたらなすを入れる。上下を返しながらなすがやわらかくなるまで焼き、白ワイン、塩、こしょうをふってひと煮立ちしたら火を止める。
3. 耐熱皿に入れ、トマトソース、削ったチーズをかけてタイムをのせる。200℃に温めたオーブンで10分焼く。

いわしとバジルの
トマトグラタン

いわしに、たっぷりの玉ねぎと
フレッシュバジルをのせて焼きます。
取り分けるとバジルの香りが広がり、
食欲をそそります！

オーブン：180℃／15分
トースター：10〜12分

材料　2人分

トマトソース	1と1/2カップ
いわし（3枚におろしたもの）	4尾
玉ねぎ	1/2個
にんにく	1かけ
バジルの葉	8枚
塩（いわし下味用）	小さじ1/2
白ワイン	大さじ2
オリーブ油	大さじ1
パルミジャーノ・レッジャーノチーズ（すりおろす／または粉チーズ）	20g

作り方

1. いわしは下味用の塩をまぶして20分おき、水けを拭く。玉ねぎ、にんにくはみじん切りにする。バジルは1〜2枚を残してちぎる。
2. 耐熱皿にいわしを並べ、玉ねぎ、にんにくをのせる。ちぎったバジルを散らし、白ワイン、オリーブ油を回しかける。
3. トマトソースをかけ、残しておいたバジルをのせてチーズをかける。180℃に温めたオーブンで15分焼く。

ブロッコリーと
ミートボールのグラタン

厚みのある肉をたたいてミンチにすると、肉らしい食感とうまみが出て、
ひき肉とは別ものの食べ応えのあるミートボールになります。やる価値あり！

オーブン：180℃／15分
トースター：10〜12分

材料　2人分

- トマトソース ……………… 1カップ
- ブロッコリー ……………… 1/2個
- 牛肉もも厚切り肉(焼き肉用) …… 250g
- 玉ねぎ ……………………… 1/2個
- A
  - 溶き卵 ……………… 大さじ2
  - 赤ワイン …………… 大さじ1
  - 塩 …………………… 少々
  - こしょう …………… 少々
- オリーブ油 ………………… 小さじ2
- 塩 …………………………… 少々
- こしょう …………………… 少々
- パルミジャーノ・レッジャーノチーズ
  - (すりおろす／または粉チーズ) … 20g

作り方

1 ブロッコリーは小房に分ける。玉ねぎはみじん切りにする。牛肉は細かくたたいてミンチ状にする。ボウルに牛肉、玉ねぎ、Aを加えてよく混ぜ、8〜10等分に丸める。

2 フライパンにオリーブ油を中火で熱し、**1**のミートボールを並べて全体に焼き目をつけ、ブロッコリーを加えてふたをする。弱火で3分ほど蒸し焼きにし、塩、こしょうをふる。

3 耐熱皿に入れ、トマトソース、チーズをかける。180℃に温めたオーブンで15分焼く。

きのことラムのトマトグラタン

ラム肉とスパイスを使った、エキゾチックな味わいが魅力。
トマトの酸味で濃厚なラムもさっぱり食べられます。

オーブン：180℃／15分
トースター：10〜12分

材料　2人分

トマトソース	1と1/2カップ
ラム厚切り肉(焼き肉用)	200g
しめじ	100g
エリンギ	3本
生しいたけ	3枚
にんにく	1かけ
オリーブ油	小さじ2
A　エルブドプロヴァンス	小さじ2
白ワイン	大さじ3
塩	小さじ1/4
こしょう	少々
グリュイエールチーズ 　(またはピザ用チーズ)	30g

＊エルブドプロヴァンスがない場合は、ドライバジル、ドライオレガノなどを少量加えるとよいでしょう。

作り方

1. ラム肉は細切りにする。しめじは小房にほぐす。エリンギは長さを半分に切り、縦に幅5mmに切る。しいたけは軸を取って幅5mmに切る。にんにくはつぶす。
2. フライパンにオリーブ油とにんにくを入れて中火にかけ、にんにくが色づいたらラム肉を加えて炒める。肉の色が変わったらしめじ、エリンギ、しいたけを加えてサッと炒め、Aを加えてふたをし、弱火で5分ほど蒸し焼きにする。
3. 耐熱皿に入れ、トマトソース、削ったチーズをかけて180℃に温めたオーブンで15分焼く。

トマトソースには牛肉、ラム肉がよく合います

トマトソースはどんな肉とも合いますが、とくにおすすめなのが牛肉や羊肉。トマトのフレッシュな酸味とうまみが肉の力強い風味と味わいを生かしつつ、クセをまろやかにしてくれます。

ムール貝と
キャベツのトマトグラタン

パン粉をかけるから表面がこんがりカリカリ！
ムール貝のおいしい汁を100％生かすグラタンです。
ぜひパンといっしょにどうぞ。

オーブン：200℃／10分
トースター：8分

材料　2人分

トマトソース	1と1/2カップ
ムール貝	8〜10個
キャベツ	3枚
玉ねぎ	1/2個
にんにく	1かけ
オリーブ油	大さじ1
白ワイン	1/4カップ
塩	小さじ1/4
こしょう	少々
パルミジャーノ・レッジャーノチーズ	
（すりおろす／または粉チーズ）	20g
パン粉	大さじ1

作り方

1 ムール貝はたわしなどでこすってよく洗う。キャベツはせん切り、玉ねぎは薄切りにする。にんにくはつぶす。

2 フライパンにオリーブ油とにんにくを入れて弱めの中火にかける。にんにくが色づいたら玉ねぎ、キャベツを入れて玉ねぎが透き通るまで炒める。ムール貝をのせて白ワインを加えてふたをする。5分ほど蒸し焼きにして塩、こしょうをふる。

3 耐熱皿に具を入れ、煮汁はフライパンに残す。フライパンにトマトソースを加えて煮汁と混ぜ合わせ、具にかける。チーズをかけ、パン粉をふる。200℃に温めたオーブンで10分焼く。

牛肉とかぼちゃの
トマトグラタン

かぼちゃの甘味をトマトソースの酸味が
ほどよく引き締めます。
牛肉のうまみも加わり、食べ応えのあるグラタンです。

オーブン：200℃／10分
トースター：8分

材料　2人分

トマトソース	1と1/2カップ
牛ひき肉	200g
かぼちゃ	150g
玉ねぎ	1/2個
オリーブ油	小さじ2
白ワイン	大さじ3
塩	少々
こしょう	少々
グリュイエールチーズ	
（またはピザ用チーズ）	40g
イタリアンパセリ	適量

作り方

1. かぼちゃは皮を粗くむき、種とわたを取って2cm角に切る。玉ねぎは粗みじん切りにする。
2. フライパンにオリーブ油を中火で熱し、1を炒める。玉ねぎが透き通ったらひき肉、白ワインを加え、かぼちゃがやわらかくなるまで炒めて塩、こしょうをふる。
3. 耐熱皿に入れてトマトソースをかけ、削ったチーズをかけて、200℃に温めたオーブンで10分焼く。粗くきざんだイタリアンパセリを散らす。

コンビーフと卵のグラタン

コンビーフはスパイスのきいた塩漬け牛肉。
肉の下ごしらえ要らずで風味のあるグラタンが作れます。

オーブン：180℃／15分
トースター：10分

材料　2人分

トマトソース	1と1/2カップ
コンビーフ（缶詰／小）	1缶（80g）
固ゆで卵	3個
玉ねぎ	1/2個
白ワイン	大さじ2
オリーブ油	大さじ1
塩	少々
こしょう	少々
グリュイエールチーズ（またはピザ用チーズ）	40g
ローリエ	1枚

作り方

1. ゆで卵は殻をむき、幅7〜8mmの輪切りにする。玉ねぎは薄切りにする。
2. 耐熱皿に1を入れ、白ワイン、オリーブ油をかけて塩、こしょうをふる。コンビーフをほぐして全体に散らし、トマトソース、削ったチーズをかける。ローリエをのせ、180℃に温めたオーブンで15分焼く。

ソーセージと金時豆のトマトグラタン

オーブン：200℃／10分
トースター：8分

チリコンカン風のピリッとメリハリのきいた味。
パンにもご飯にも合いそうです。もちろんビールにも！

材料　2人分

トマトソース	1と1/2カップ
粗挽きソーセージ	4本
金時豆（ゆでたもの）	120g
玉ねぎ	1/2個
セロリ	10cm分
セロリの葉	5枚
オリーブ油	小さじ2
A　白ワイン	大さじ2
タバスコ®	小さじ1
塩	少々
こしょう	少々
グリュイエールチーズ	
（またはピザ用チーズ）	30g
パセリ	適量

作り方

1. ソーセージは幅1cmの輪切りにする。玉ねぎ、セロリはそれぞれ1cm角に切り、セロリの葉は粗くきざむ。

2. フライパンにオリーブ油を中火で熱し、1を入れて玉ねぎが透き通るまで炒める。金時豆、Aを加えてサッと炒める。

3. 鋳物の鍋（または耐熱皿）に入れ、トマトソース、削ったチーズをかける。200℃に温めたオーブンで10分焼き、みじん切りにしたパセリを散らす。

＊金時豆は戻してゆでたものが
　一番おいしいですが、なければ水煮缶でも。

さばとねぎのアラビアータ焼き

オーブン：180℃／15分
トースター：10～12分

トマトソースに赤唐辛子を散らして、辛みをプラス。
ねぎを生のまま焼いて香りを生かします。

材料　2人分

トマトソース	1と1/2カップ
さば（3枚におろしたもの）	1尾
長ねぎ	1本
赤唐辛子	1本
塩（さば下味用）	小さじ1/4
オリーブ油	大さじ2
塩	少々
こしょう	少々
タイム	3本
パルミジャーノ・レッジャーノチーズ（すりおろす／または粉チーズ）	20g
粗挽き黒こしょう	少々

作り方

1. さばは下味用の塩をふって20分おき、水けを拭いて長さを3等分に切る。ねぎは斜め薄切りにする。赤唐辛子は種を取って小口切りにする。

2. フライパンにオリーブ油を中火で熱し、さばを並べて両面に焼き目がつくまで焼く。

3. 耐熱皿に入れてねぎをのせて塩、こしょうをふり、トマトソースをかけてタイム、赤唐辛子を散らす。チーズをふり、180℃に温めたオーブンで15分焼く。粗挽き黒こしょうをふる。

鶏肉とセロリのグラタン

えびとズッキーニとニョッキのグラタン

鶏肉とセロリのグラタン

セロリの香味がさわやかな印象。
グリーンオリーブも絶妙なアクセントになっています。
ワインもすすむ味。

オーブン：180℃／15分
トースター：10〜12分

材料　2人分

トマトソース	1と1/2カップ
鶏もも肉	200g
セロリ	1本
セロリの葉	4枚
玉ねぎ	1/2個
オリーブ(グリーン)	12粒
薄力粉	大さじ2
オリーブ油	大さじ2
白ワイン	大さじ3
塩	小さじ1/3
こしょう	少々
グリュイエールチーズ（またはピザ用チーズ）	30g
イタリアンパセリ	適量

作り方

1. セロリは斜め薄切りにし、セロリの葉は粗くきざむ。玉ねぎはみじん切りにする。鶏肉は皮を取って3cm角に切って薄力粉をまぶす。
2. フライパンにオリーブ油を中火で熱し、鶏肉を焼き目がつくまで焼く。セロリ、玉ねぎを加えて玉ねぎが透き通るまで炒め、セロリの葉、オリーブ、白ワインを加える。ひと煮立ちしたら塩、こしょうをふる。
3. 耐熱皿に入れてトマトソースをかけ、削ったチーズをかける。180℃に温めたオーブンで15分焼く。粗くきざんだイタリアンパセリを散らす。

えびとズッキーニと
ニョッキのグラタン

モチモチッとしたニョッキに
ソースがからんでおいしい。
えびのうまみと香りが加わることで、
より深い味になります。

オーブン：180℃／15分
トースター：10分

材料　2人分

トマトソース	1と1/2カップ
えび（殻つき）	8尾
ズッキーニ	1本
にんにく	1かけ
モッツァレラチーズ	150g
ニョッキ生地	
じゃがいも（大）	2個(200g)
溶き卵	1/2個分
強力粉	120g
塩	小さじ1/3
オリーブ油	大さじ1
白ワイン	大さじ4
塩	適量
こしょう	適量
フレッシュバジル	6枚

作り方

1. えびは背わたと殻を取り、片栗粉大さじ1（分量外）をふってかるくもみ、流水で粉と汚れをよく落とす。水けを拭き、長さ2cmに切る。ズッキーニは幅7〜8mmの半月切りにする。にんにくはみじん切りにする。チーズは2cm角に切る。

2. フライパンにオリーブ油とにんにくを入れて弱めの中火にかける。にんにくが色づいたらえび、ズッキーニを加えてサッと炒め、白ワインを加える。しんなりするまで炒めて塩・こしょう各少々をふり、火を止める。

3. ニョッキを作る。じゃがいもは蒸し器でやわらかくなるまで蒸し、熱いうちに皮をむいてフォークや木べらでなめらかになるまでつぶす。溶き卵、強力粉、塩を加えてよく混ぜる。まな板に打ち粉（強力粉／分量外）をふり、生地をひとまとめにして直径2cmくらいの棒状にのばす。一口大に切り、フォークの先でかるくつぶす。

4. 鍋に湯を沸かして塩とオリーブ油（分量外／2ℓに対して各大さじ1）を入れ、ニョッキを入れて2分ほどゆでる。浮いてきたらざるに取り出し、湯をきる。

5. ニョッキをすぐに**2**のフライパンに加える。トマトソースも加えて中火にかけ、サッと炒め合わせて塩・こしょう各少々をふる。耐熱皿に入れてチーズをかけ、バジルをのせる。180℃に温めたオーブンで15分焼く。

＊じゃがいもの下ごしらえは蒸し器がおすすめですが、電子レンジ(600W)を使うならラップで包み、約4分加熱。上下を返してさらに1分30秒加熱して。

肉と野菜がたっぷり入っていて濃厚な味わいなので、野菜にかけて焼くだけのシンプルなグラタンでも、十分メイン料理になる食べ応え、ボリューム感になるソースです。材料が少し多いと感じるかもしれませんが、炒めて煮るだけだから作業はごく簡単。煮込むうちに、肉や野菜のうまみが出てくるので、スープの素を入れる必要もありません。赤ワインを加えることで奥行きのある風味が、バルサミコ酢とトマトペーストで深みとコクが出ます。手作りならではの、自然で深みのある味わいを堪能してください。

肉と野菜がなじんだ
深みのあるぜいたくな味わい

ミートソース

Point

- いろいろな野菜を入れると複雑なうまみが出ます。
- 玉ねぎはしっかり炒めて、甘みを引き出しましょう。
- 最初の煮込みにワインを加えると風味がアップ！
  肉には白ワインよりも赤ワインが合います。
- 香味野菜とハーブをいっしょに煮込むことで
  肉の臭みがとれます。

Meat sauce

ミートソース
How to make Meat sauce

材料 作りやすい分量／でき上がり約3カップ分

- 合いびき肉 …………… 500g
- トマト水煮(缶詰) ……… 1缶(400g)
- 玉ねぎ ………………… 1個
- セロリ ………………… 1本
- にんじん ……………… 1本
- にんにく ……………… 1かけ
- セロリの葉 …………… 1/2〜1本分
- タイム ………………… 3〜4本
- ローリエ ……………… 2〜3枚
- オリーブ油 …………… 小さじ2
- 赤ワイン ……………… 1/4カップ
- A｜バルサミコ酢 …… 大さじ1
- 　｜トマトペースト … 大さじ1
- 　｜塩 ………………… 小さじ1と1/3
- こしょう ……………… 少々

下準備
・玉ねぎ、セロリ、にんじん、にんにくをみじん切りにする。

保存方法
・冷蔵庫で4日くらいはもちます。
・冷凍する場合は、使いやすい分量に分けて冷凍用のジッパー付きポリ袋や密閉容器に入れ、冷凍庫へ。1カ月くらいを目安に使いましょう。

作り方

1 野菜をしっかり炒める

鍋にオリーブ油とにんにくを入れ、弱めの中火にかけて炒める。にんにくが色づいたら玉ねぎを加える。玉ねぎが透き通るまでしっかり炒めたら、セロリ、にんじんを加え、全体がしんなりするまで炒める。

2 ひき肉を炒める

ひき肉を加え、ほぐしながら炒める。肉の色が変わってきたらローリエ、赤ワインを加える。

3 トマトの水煮を加える

トマトの水煮を加え、果肉を木べらなどでつぶす。

4 アクを取る

煮立つまでこまめにアクを取る。こうすると肉の臭みなどがとれる。

5 タイム、セロリの葉を加える

タイム、セロリの葉を加えて弱火にし、ふたをして25分煮る。ときどき焦げないように木べらでかき混ぜる。

6 味つけをする

Aを加えてさらに20分ほど煮て、こしょうを加えて火を止める。

ミートペンネグラタン

ミートソースの味を楽しむため、具はペンネのみ。
こんがり焼くといい香り！
しっかりしたペンネの食感が、ミートソースとよく合います。

オーブン：200℃／10分
トースター：8分

材料　2人分
ミートソース …………… 1と1/2カップ
ペンネ ………………… 150g
グリュイエールチーズ
　（またはピザ用チーズ）…… 40g
パセリ ………………… 適量

作り方

1. 鍋に湯を沸かして塩とオリーブ油(分量外／2ℓに対して各大さじ1)を入れ、ペンネを袋の表示通りにゆでる。
2. ゆで上がったら湯をきって耐熱皿に入れ、ミートソース、削ったチーズをかける。200℃に温めたオーブンで10分焼く。みじん切りにしたパセリを散らす。

ロースト玉ねぎと
モッツァレラのミートグラタン

焼いた玉ねぎはうまみが出ておいしい。1人1個もぺろりと食べられます!
具にチーズを使っているので、焼くときのチーズはパルミジャーノでかろやかに。

オーブン:200℃／10分
トースター:8分

作り方

1 玉ねぎは幅1cmの輪切りにする。モッツァレラチーズは幅1cmに切る。にんにくはつぶす。

2 フライパンにオリーブ油とにんにくを入れて中火にかけ、香りがたったら玉ねぎを並べて両面にかるく焼き目をつける。白ワイン、ローリエを加えてふたをする。弱火で5分ほど蒸し焼きにし、塩、こしょうをふる。

3 ローリエを取り出し、耐熱皿にモッツァレラと玉ねぎを交互に重ねるように並べ、フライパンの汁も加える。ミートソース、パルミジャーノをかけ、取り出したローリエをのせる。200℃に温めたオーブンで10分焼く。

材料 2人分

ミートソース	1と1/2カップ
玉ねぎ	2個
モッツァレラチーズ	2個
にんにく	1かけ
オリーブ油	大さじ2
白ワイン	1/4カップ
ローリエ	1枚
塩	小さじ1/4
こしょう	少々
パルミジャーノ・レッジャーノチーズ（すりおろす／または粉チーズ）	20g

しゃきしゃき根菜のミートドリア

シェパーズパイ

しゃきしゃき根菜のミートドリア

ミートソースをからめたご飯の上に、
ワインでのばしたホワイトソース。
ダブルソース使いのぜいたくな味わいを楽しんで。

オーブン：200℃／10分
トースター：8分

材料　2人分

ミートソース	1と1/2カップ
ご飯	茶碗2杯分
ごぼう	1本
れんこん	150g
玉ねぎ	1/2個
オリーブ油	小さじ2
白ワイン	大さじ3
塩	小さじ1/4
こしょう	少々
A　ホワイトソース(P.12参照)	1カップ
白ワイン	大さじ2
グリュイエールチーズ（またはピザ用チーズ）	30g
イタリアンパセリ	適量

作り方

1. ごぼうは皮をこそげ、れんこんは皮をむいてそれぞれ1cm角に切り、水に3分ほどさらして水けをきる。玉ねぎはみじん切りにする。Aを混ぜ合わせる。
2. フライパンにオリーブ油を中火で熱し、1の野菜を炒める。玉ねぎが透き通ったら白ワインを加えてふたをする。弱火で5分ほど蒸し焼きにし、ご飯、ミートソース、塩、こしょうを加えて炒め合わせる。
3. 耐熱皿に入れ、A、削ったチーズをかける。200℃に温めたオーブンで10分焼き、きざんだイタリアンパセリを散らす。

ドリアの楽しみ
ソースをかけるか混ぜるか

ご飯にソースをかけて焼くとご飯とソースの2層の味が楽しめますが、ソースをご飯に混ぜるのもまたおいしい。ソースの味がご飯粒にしっかりからみ、より濃厚に感じられます。

シェパーズパイ

しっとりなめらかなマッシュポテトで
ミートソースをおおって焼きます。
ポテトとソースを混ぜながらめしあがれ。

オーブン：200℃／12分
トースター：10分

材料　2人分

ミートソース	1と1/2カップ
じゃがいも（中）	4個
A　バター	20g
牛乳	大さじ3
塩	小さじ1/3
こしょう	少々
グリュイエールチーズ 　（またはピザ用チーズ）	30g
パン粉	大さじ2
パセリ	適量

作り方

1. じゃがいもは皮をむき、6等分くらいに切って鍋に入れ、かぶるくらいの水を注いで中火にかける。沸騰したら弱火にし、8分ほどゆでて湯をすてる。鍋を揺すって水分をとばしながらめん棒などでじゃがいもをつぶす。
2. Aを加えてゴムベラなどでなめらかになるまで混ぜ、塩、こしょうを加える。
3. 耐熱皿にミートソースを敷き、2をのせ、ゴムベラで表面をならす。削ったチーズをかけ、パン粉、みじん切りにしたパセリを散らして200℃に温めたオーブンで12分焼く。

パプリカのミートソースグラタン

オーブン：200℃／10分
トースター：8分

パプリカはくたっとするまで火を通すと格段においしくなります。
白ワイン蒸しにすれば風味もアップ！ ミートソースともよく合います。

材料　2人分

ミートソース	1と1/2カップ
パプリカ(黄)	3個
玉ねぎ	1個
オリーブ油	大さじ1
白ワイン	大さじ3
塩	小さじ1/4
こしょう	少々
パルミジャーノ・レッジャーノチーズ（すりおろす／または粉チーズ）	20g
パセリ	適量

作り方

1 パプリカは半分に切ってへたと種を取り、縦に幅3mmに切る。玉ねぎも幅3mmに切る。

2 フライパンにオリーブ油を中火で熱し、1をしんなりするまで炒める。白ワイン、塩、こしょうを加えてふたをし、弱火で5分ほど蒸し焼きにする。

3 耐熱皿に入れ、ミートソース、チーズをかける。200℃に温めたオーブンで10分焼き、みじん切りにしたパセリを散らす。

ズッキーニのミートグラタン

オーブン：200℃／7〜8分
トースター：5分

ズッキーニは大きく、厚く切ってステーキ感覚に。
パルミジャーノをかけてカリッと焼きあげます。

材料　2人分

- ミートソース …………… 1と1/2カップ
- ズッキーニ ……………… 2本
- にんにく ………………… 1かけ
- オリーブ油 ……………… 大さじ3
- 白ワイン ………………… 大さじ3
- 塩 ………………………… 小さじ1/4
- こしょう ………………… 少々
- パルミジャーノ・レッジャーノチーズ
  （すりおろす／または粉チーズ）… 20g
- イタリアンパセリ ……… 適量

作り方

1. ズッキーニは長さを半分に切り、さらに縦半分に切る（長いものは長さを3等分に切る）。にんにくは薄切りにする。
2. フライパンにオリーブ油大さじ1とにんにくを入れて中火にかけ、にんにくが色づいてきたらズッキーニを並べる。両面に焼き目がつくまで焼き、白ワインを加えてふたをする。弱火で3分ほど蒸し焼きにし、塩、こしょうをふる。
3. 耐熱皿に入れ、ミートソース、オリーブ油大さじ2、チーズをかける。200℃に温めたオーブンで7〜8分焼いてイタリアンパセリを添える。

きのこと長ねぎの玄米ドリア

オーブン：200℃／10分
トースター：8分

ミートソースにはしっかりした香りと食感の玄米ご飯がよく合います。
ねぎ、しいたけといった和の食材の風味もマッチ。

材料　2人分

ミートソース	1と1/2カップ
玄米ご飯	茶碗2杯分
しめじ	50g
生しいたけ	4枚
長ねぎ	1/2本
にんにく	1かけ
オリーブ油	小さじ2
塩	小さじ1/4
こしょう	少々
白ワイン	大さじ3
パルミジャーノ・レッジャーノチーズ（すりおろす／または粉チーズ）	20g
タイム（またはオレガノ）	2枝

作り方

1. しめじは小房に分ける。しいたけは石づきを取って粗みじん切りにする。ねぎ、にんにくも粗みじん切りにする。
2. フライパンにオリーブ油とにんにくを入れて中火で熱し、きのこ類とねぎを加えて炒める。ねぎが透き通ったら塩、こしょう、白ワインを加えてふたをする。弱火で5分ほど蒸し焼きにし、玄米ご飯を加えて炒め合わせる。
3. 耐熱皿に入れ、ミートソース、チーズをかける。タイムをのせ、200℃に温めたオーブンで10分焼く。

大豆となすのミートグラタン

オーブン：200℃／10分
トースター：8分

ソースを吸ってしっとりやわらかななすと、ポクポクした大豆のコンビネーション。
大豆の新しいおいしさに出会えます。

材料　2人分

ミートソース	1と1/2カップ
大豆（ゆでたもの）	150g
なす	3本
にんにく	1かけ
オリーブ油	大さじ2
白ワイン	大さじ2
塩	小さじ1/4
こしょう	少々
グリュイエールチーズ （またはピザ用チーズ）	40g

＊大豆は戻してゆでたものが一番おいしいですが、
　なければ水煮缶やドライパックでも。

作り方

1. なすはへたを落として幅1cmの輪切りにし、水に5分さらして水けをきる。にんにくはつぶす。
2. フライパンにオリーブ油とにんにくを入れて中火にかけ、にんにくが色づいてきたらなす、大豆を加えて炒める。なすがしっとりやわらかくなったら白ワインを加えてひと煮立ちさせ、塩、こしょうをふる。
3. 耐熱皿に入れ、ミートソース、削ったチーズをかける。200℃に温めたオーブンで10分焼く。

米なすのステーキ風ミートソース

メインディッシュにふさわしい存在感。
簡単なのに見栄えもよくて、おもてなしにもぴったりの一品です。

オーブン：180℃／15分	
トースター：12分	

材料　2人分

ミートソース	1と1/2カップ
米なす	1個
オリーブ油	大さじ3
白ワイン	大さじ3
塩	少々
こしょう	少々
パルミジャーノ・レッジャーノチーズ（すりおろす／または粉チーズ）	20g

作り方

1. 米なすはへたを落として横に厚さ3cmの輪切りにする。片面に5mm間隔くらいで格子状に切り込みを入れ、水に5分さらして水けをきる。

2. グリルパン（またはフライパン）にオリーブ油を弱火で熱し、なすを並べる。上下を返しながら7分ほど焼く。白ワイン、塩、こしょうを加えてふたをして、3分ほど蒸し焼きにする。

3. 耐熱皿に入れ、ミートソース、チーズをかけて180℃に温めたオーブンで15分焼く。

いんげんとれんこんのミートグラタン

ソースは全体にかけずに野菜の見た目を生かします。
焼き野菜とソースをからめながら食べるのがおいしい。

オーブン：200℃／10分
トースター：6分

材料　2人分

ミートソース	1と1/2カップ
いんげん	12本
れんこん	200g
にんにく	1かけ
オリーブ油	大さじ1
白ワイン	大さじ3
塩	小さじ1/3
こしょう	少々

作り方

1. いんげんは縦半分に切る。れんこんは皮をむき、厚さ5mmの輪切りにして水に5分さらし、水けをきる。にんにくはつぶす。
2. フライパンにオリーブ油とにんにくを入れて弱めの中火にかけ、にんにくが色づいたらいんげん、れんこんを加えて炒める。れんこんが透き通ってきたら白ワイン、塩、こしょうを加え、ふたをして3分ほど蒸し焼きにする。
3. 耐熱皿に入れ、ミートソースをかける。200℃に温めたオーブンで10分焼く。

GRATIN & DORIA

Chapter 2

素材を楽しむ
クイックグラタン

素材に油や調味料、ワインなどをからめて
オーブンで焼くだけのシンプルなグラタンです。
下ごしらえは5～10分以内。あとはオーブンに入れて
焼くだけだから、とっても簡単。
素材を生のまま焼くものはトースター調理には向きませんが、
身近な材料でも、組み合わせ＋オーブン調理で生まれる
新たなおいしさを楽しんでください。

鶏手羽のペッパー焼き

ナンプラーと油でマリネしてオーブンで焼くだけ！
黒こしょうは粗めのほうがインパクトが出るので、
粒こしょうを砕いたものがおすすめです。

オーブン：180℃／20分

材料　2人分

鶏手羽中	8～10本
玉ねぎ	1/2個
にんにく	1かけ
酒	大さじ1
A　ナンプラー	大さじ2
黒粒こしょう(粗く砕く)	小さじ1強
オリーブ油	大さじ2
レモン(くし形切り)	好みの量

作り方

1. 手羽中は水けを拭いて、骨にそって肉側に切り込みを入れ、酒をふってもみ込む。玉ねぎは幅3mmに切る。にんにくは薄切りにする。

2. 耐熱皿に手羽中、玉ねぎ、にんにくを入れ、Aを回しかける。180℃に温めたオーブンで20分焼く。レモンを添え、果汁をしぼって食べる。

かじきのカレーマリネ焼き

スパイシーな香りに食欲がそそられます。
セロリの茎だけでなく葉も加えることで、さわやかな風味に。

オーブン：180℃／15分

材料　2人分

かじきまぐろの切り身	2切れ
セロリ	1/2本
セロリの葉	4枚
玉ねぎ	1/2個
にんにく	1かけ
塩（かじきまぐろ下味用）	少々
オリーブ油	大さじ2
A　カレー粉	小さじ1
白ワイン	大さじ3
しょうゆ	大さじ1
イタリアンパセリ、セルフィーユなど	適量

作り方

1 かじきは半分に切って下味用の塩をふり、20分ほどおいて水けを拭く。セロリ、玉ねぎ、にんにくは薄切りにする。セロリの葉は細かくきざむ。

2 フライパンにオリーブ油とにんにくを入れて中火で熱し、かじきを入れてサッと両面を焼いて取り出す。セロリ、玉ねぎを入れて透き通るまで炒める。セロリの葉、Aを加えて炒め合わせる。

3 耐熱皿にかじきをのせ、2をかける。180℃に温めたオーブンで15分焼く。きざんだイタリアンパセリなどを散らす。

ささみと長ねぎのわさびオイル焼き

わさびのさわやかな辛みと、
ナンプラーのうまみ、塩けが新鮮な相性！
こんがり焼けたねぎの香りもごちそうです。

オーブン：180℃／15分

材料　2人分

- 鶏ささみ　……………… 4本
- 長ねぎ　………………… 1/2本
- A｜わさび　…………… 小さじ1/2
  　｜ナンプラー　……… 大さじ1
- ごま油　………………… 大さじ2
- 白いりごま　…………… 小さじ2

作り方

1. ささみは筋を取り、幅1cmに切る。ねぎは斜め薄切りにする。Aを混ぜ合わせる。
2. 耐熱皿にささみを入れてねぎをのせ、Aとごま油を回しかける。180℃に温めたオーブンで15分焼き、ごまをふる。

ソーセージと野菜のマスタード焼き

オーブン：200℃／10分
トースター：8分

白ワインをふって蒸すことで、風味が増しておいしくなります。
野菜がたっぷり食べられるのもうれしい。

材料　2人分

ソーセージ	5〜6本
じゃがいも（中）	3個
にんじん	80g
玉ねぎ	1/2個
オリーブ油	少々
白ワイン	大さじ3
A ディジョンマスタード	大さじ2
白ワイン	大さじ2
オリーブ油	大さじ2
ナンプラー	大さじ1
粗挽き黒こしょう	少々
イタリアンパセリ、セルフィーユなど	適量

作り方

1　じゃがいもは皮をむいて幅7〜8mm、にんじんは皮をむいて幅5mmの輪切りにする。玉ねぎは薄切りにする。Aを混ぜ合わせる。

2　鍋にオリーブ油を中火で熱し、じゃがいも、にんじん、玉ねぎを炒める。全体に油がなじんだら白ワイン、ソーセージを加えてふたをし、弱火で5分ほど蒸し焼きにする。

3　耐熱皿に入れ、Aをかける。200℃に温めたオーブンで10分焼く。イタリアンパセリなどをのせる。

なすのヨーグルト焼き

ヨーグルトがソースがわり。
クミンの香りをきかせた、エキゾチックな味わいです。

オーブン：200℃／8分
トースター：6分

材料　2人分
- なす …………………… 3本
- 玉ねぎ ………………… 1/2個
- にんにく ……………… 1かけ
- A
  - プレーンヨーグルト … 大さじ4
  - 白ワイン …………… 大さじ2
  - オリーブ油 ………… 大さじ2
  - ナンプラー ………… 大さじ1
- オリーブ油 …………… 大さじ2
- クミンパウダー ……… 小さじ1/2
- 塩 ……………………… 少々
- こしょう ……………… 少々

作り方

1. なすはへたを落として幅1.5cmの輪切りにし、水に5分さらして水けを拭く。玉ねぎ、にんにくはみじん切りにする。Aを混ぜ合わせる。
2. フライパンにオリーブ油とにんにくを入れて中火にかけ、香りが立ったらなす、玉ねぎ、クミンを入れて炒める。なすがしっとりし、玉ねぎが透き通ったら塩、こしょうをふる。
3. 鋳物のフライパン(または耐熱皿)に入れ、Aをかける。200℃に温めたオーブンで8分焼く。

アスパラのゴルゴンゾーラ焼き

チーズのうまみを生かしてソースがわりに。
マッシュルームもしっかり火が入るとうまみが増します。

オーブン：200℃／10分
トースター：8分

材料　2人分

- グリーンアスパラガス(細めのもの) …………………… 10〜15本
- マッシュルーム ………… 8個
- ゴルゴンゾーラチーズ … 40g
- オリーブ油 ……………… 大さじ2

作り方

1. アスパラガスは根元のかたい部分の皮をむく。マッシュルームはあれば石づきを取って半分に切る。
2. 耐熱皿に**1**をのせ、チーズを小さくほぐしてのせる。オリーブ油を回しかけ、200℃に温めたオーブンで10分焼く。

トマトファルシのオーブン焼き

トマトの肉詰めをオーブン焼きに。
くずしながら食べると、うまみが凝縮したトマトがソースがわりになります。

オーブン：170℃／20分

材料　2人分

- トマト(中) …………… 3〜4個
- 合いびき肉 …………… 150g
- 玉ねぎ …………… 1/3個
- A　溶き卵 …………… 大さじ2
- 　　赤ワイン …………… 大さじ1
- 　　ウスターソース …… 小さじ2
- 　　塩 …………… 小さじ1/2
- 　　こしょう …………… 少々
- 薄力粉 …………… 適量
- オリーブ油 …………… 大さじ2
- 岩塩(または粗塩) ………… 少々
- イタリアンパセリ ……… 適量

作り方

1. トマトはへたから1cmくらいを切り落とし、包丁の刃先でくりぬくように中身を取り出し、種も取る。玉ねぎはみじん切りにする。
2. ボウルにひき肉を入れ、玉ねぎ、Aを加えて粘りが出るまでよく練る。トマトの内側に薄力粉を薄くふり、ひき肉だねを詰める。
3. 耐熱皿に2をのせ、オリーブ油をかけ、塩をふる。170℃に温めたオーブンで20分焼く。イタリアンパセリを添える。

かぶの酒粕焼き

ブロッコリーと生ハムのグラタン

かぶの酒粕焼き

焼きあがると、酒粕とごま油のいい香り！
かぶに少し歯ごたえが残る程度の焼き加減がおすすめです。

オーブン：180℃／20分

材料　2人分

かぶ		4個
長ねぎ		1/2本
A	酒粕	大さじ3
	みりん	大さじ2
	ごま油	大さじ2
	塩	小さじ1

作り方

1. かぶは葉を1cmほど残して落とし、6等分のくし形に切る。ねぎは幅5mmの小口切りにする。Aを混ぜ合わせる。
2. 鋳物のフライパン（または耐熱皿）にかぶ、ねぎを入れ、Aを広げてのせる。180℃に温めたオーブンで20分焼く。

ブロッコリーと生ハムのグラタン

ブロッコリーは生のまま焼いて、
食感と焼き上がりの香ばしさを生かします。
生ハムの塩けがよいアクセントに。

オーブン：180℃／12分

材料　2人分

- ブロッコリー …………………… 1/3個
- 生ハム ……………………… 40g
- 玉ねぎ ……………………… 1/2個
- A｜白ワイン ……………… 大さじ3
  ｜オリーブ油 …………… 大さじ2
- パルミジャーノ・レッジャーノチーズ
  （すりおろす／または粉チーズ）… 20g
- レモン ……………………… 適量

作り方

1. ブロッコリーは小房に分ける。玉ねぎは薄切りにする。生ハムは大きいものはちぎる。
2. 鋳物の鍋（または耐熱皿）に1の野菜を入れ、生ハムをのせてAを回しかける。チーズをかけ、180℃に温めたオーブンで12分焼く。レモンを添え、果汁をしぼって食べる。

アボカドのレモンヨーグルトグラタン

アボカドのクリーミーさを生かしつつさっぱり食べられます。
すぐに作れて見た目もよいので、おもてなし前菜にもおすすめ。

オーブン：200℃／10分

材料　2人分

アボカド	1個
A　プレーンヨーグルト	大さじ4
マヨネーズ	大さじ2
ナンプラー	大さじ1
オリーブ油	大さじ1
レモンの皮(すりおろし)	小さじ1/4
パプリカパウダー	少々

作り方

1 アボカドは縦半分にぐるりと切り込みを入れて割り、種と皮を取り除く。Aを混ぜ合わせる。

2 鋳物のフライパン(または耐熱皿)にアボカドをのせ、Aをかける。200℃に温めたオーブンで10分焼き、パプリカパウダーをふる。

いかとミニトマトのレモン焼き

オーブン：180℃／15分

レモンの酸味がさわやかで見た目も華やかな一品。
オールシーズンいつでも食べたくなる味。

材料　2人分

- いか（やりいか、するめいかなど）　…2はい
- 玉ねぎ　……………………………　1/2個
- ミニトマト　………………………　8～9個
- レモン（輪切り）　………………　3枚
- A
  - にんにく（みじん切り）………　1かけ
  - ナンプラー　………………………　大さじ1
- ごま油　……………………………　大さじ2
- 粗挽き黒こしょう　………………　少々
- 香菜　………………………………　1/2束

作り方

1. いかは内臓と軟骨を取り出して皮をむき、胴は幅1cmの輪切りにする。足は塩小さじ1/2（分量外）をまぶしてもみ、流水で洗って食べやすい長さに切る。玉ねぎは薄切りにし、ミニトマトは半分に切る。Aを混ぜ合わせる。

2. 耐熱皿にいか、玉ねぎ、ミニトマトをのせ、Aとごま油を回しかけてレモンをのせる。180℃に温めたオーブンで15分焼き、粗挽き黒こしょうをふって、粗くきざんだ香菜をのせる。

キャベツとしらすのオイル焼き

オーブン：180℃／15分

しらすとごまがちりちり、カリカリな焼き上がり。
香りも食感も抜群です。おつまみにも。

材料　2人分

キャベツ	4枚
玉ねぎ	1/2個
しらす干し	25g
A　ナンプラー	小さじ2
ごま油	大さじ2
白いりごま	大さじ1と1/2

作り方

1. キャベツはせん切りにし、玉ねぎは薄切りにする。
2. キャベツと玉ねぎを混ぜて鋳物の鍋（または耐熱皿）に入れ、しらす干しをのせてAを回しかける。180℃に温めたオーブンで15分焼き、ごまを散らす。

トマトの塩焼き

オーブン：200℃／10分

シンプルな調理なので、塩のおいしさが味の決め手。
ミネラルを含んだ岩塩か粗塩を使いましょう。ローリエの香りもポイントです。

材料　2人分

- トマト（大）……………… 2個
- ローリエ ………………… 2枚
- 岩塩（または粗塩）………… 小さじ1
- オリーブ油 ……………… 大さじ1と1/2

作り方

1. トマトは幅2cmの輪切りにし、鋳物のフライパン（または耐熱皿）に並べる。
2. ローリエをのせ、岩塩をふってオリーブ油を回しかける。200℃に温めたオーブンで10分焼く。

ちくわと玉ねぎの柚子こしょうマヨネーズ焼き

オーブン：180℃／12分

和の食材だって立派なグラタンに！
柚子こしょうの辛みと塩けが、マヨネーズでほどよくまろやかになります。

材料　2人分

- ちくわ　………………… 3本
- 玉ねぎ　………………… 1/2個
- しめじ　………………… 50g
- A
  - マヨネーズ　………… 大さじ2
  - 酒　………………… 大さじ1
  - ごま油　…………… 大さじ1
  - 柚子こしょう　……… 小さじ1/2

作り方

1. ちくわは幅5mmの小口切りにする。玉ねぎは薄切りにする。しめじは小房にほぐす。Aを混ぜ合わせる。
2. 耐熱皿にちくわ、玉ねぎ、しめじを混ぜて入れ、Aをかける。180℃に温めたオーブンで12分焼く。

白菜と搾菜のナッツオイル焼き

えびのガーリック焼き

白菜と搾菜のナッツオイル焼き

白菜は細切りにすると、しゃきしゃきした食感を生かせますし、
搾菜やしょうがと味がよくなじみます。
アーモンドの食感と香りがアクセント。

オーブン：180℃／15分

材料　2人分

白菜	1/4株
搾菜	30g
しょうが	1かけ
アーモンド	8粒
A　ごま油	大さじ2
紹興酒(または酒)	大さじ1
ナンプラー	小さじ2
白いりごま	適量
香菜	適量

作り方

1. 白菜は長さを半分に切り、縦に幅1cmに切る。搾菜は薄切りにし、水に5分さらして塩抜きをし、水けをきって細切りにする。しょうがはせん切りにする。アーモンドは粗くきざむ。
2. 耐熱皿に白菜を入れて搾菜、しょうが、アーモンドを散らす。Aを回しかけ、180℃に温めたオーブンで15分焼く。ごま、ざく切りにした香菜を散らす。

えびのガーリック焼き

えびを尾をつけたまま焼くと、
香ばしさやうまみが身にうつっておいしくなります。
たっぷりの香菜とともにどうぞ。

オーブン：180℃／15分

材料　2人分

- えび(殻つき) ………… 12尾
- 玉ねぎ ………………… 1/2個
- にんにく ……………… 1かけ
- レモン(輪切り) ……… 3枚
- A | 白ワイン ………… 大さじ2
  | オリーブ油 ……… 大さじ2
  | ナンプラー ……… 大さじ1
- 香菜 …………………… 適量

作り方

1. えびは背に切り込みを入れて背わたを取り、尾を残して殻を取る。片栗粉大さじ2(分量外)をふってかるくもみ、流水で粉と汚れをよく落とす。玉ねぎ、にんにくはみじん切りにする。

2. 耐熱皿にえびを入れ、玉ねぎ、にんにくをのせる。レモンものせ、Aを回しかけて180℃に温めたオーブンで15分焼く。粗くきざんだ香菜をのせる。

万願寺唐辛子のオイル焼き

万願寺唐辛子は辛みが少なく、香りのよい唐辛子。
しっかり焼くと甘みも出てきます。

オーブン：180℃／12分

材料　2人分

万願寺唐辛子	10〜12本
玉ねぎ	1/2個
にんにく	1かけ
A ごま油	大さじ2
酒	大さじ1
塩	小さじ1

作り方

1. 万願寺唐辛子はへたを切り落とす。玉ねぎ、にんにくは薄切りにする。
2. 1を混ぜて天板（または耐熱皿）にのせる。Aを回しかけ、180℃に温めたオーブンで12分焼く。

基本の豆腐クリーム

オリーブ油と白ワインを加えて
洋風の味わいに。

材料 作りやすい分量／約1と1/2カップ分
絹ごし豆腐 ……………… 1/2丁(150g)
A｜オリーブ油 …………… 大さじ2
　｜白ワイン ……………… 大さじ2
　｜塩 …………………… 小さじ1/3

How to make
Tofu cream

作り方

1 鍋に湯を沸かして豆腐を入れ、豆腐が温まるくらいまでゆでてざるにあげ、5分ほどおいてしっかり水けをきる。

2 ボウルに豆腐とAを入れ、泡立て器でなめらかになるまでよく混ぜ合わせる。
＊豆腐クリームは冷蔵庫で1〜2日はもつ。

📛 オーブン：170℃／15分

材料　2人分
基本の豆腐クリーム　……………全量
かぼちゃ　………………………200g
玉ねぎ　…………………………1/2個
パルミジャーノ・レッジャーノチーズ
　（すりおろす／または粉チーズ）…15g
粗挽き黒こしょう　……………少々

作り方
1　かぼちゃは皮をむき、わたと種を取って幅1cmのくし形に切る。玉ねぎは薄切りにする。
2　耐熱皿に、かぼちゃと玉ねぎを交互に重ねるように並べる。豆腐クリーム、チーズをかけ、粗挽き黒こしょうをふって170℃に温めたオーブンで15分焼く。

かぼちゃの豆腐クリーム焼き

ホワイトソースとは違う
かろやかさとなめらかさ！
オリーブ油の風味がかぼちゃと好相性。

帆立の豆腐クリーム焼き

豆腐クリームは淡白な素材と合います。白身魚でもOK。

📛 オーブン：180℃／12分

材料　2人分
基本の豆腐クリーム　……1カップ強
帆立貝柱(刺身用)　…………8個
玉ねぎ　…………………………1/2個
グリュイエールチーズ
　（またはピザ用チーズ）……30g

作り方
1　帆立は厚いものは厚さを半分に切る。玉ねぎは薄切りにする。
2　耐熱皿に帆立と玉ねぎをのせる。豆腐クリームをのせて削ったチーズをかけ、180℃に温めたオーブンで12分焼く。

GRATIN & DORIA

Chapter 3

甘くてアツアツ
フルーツグラタン

フルーツの持つ甘みや香りを、
オーブンで焼いてぎゅっと凝縮。
リキュールやバターも使って、
香り高いスイーツに仕上げました。
フルーツをそのまま焼くシンプルなものから
カスタードグラタンまで、フルーツの持ち味を
生かしたメニューをご紹介します。
フレッシュなものとは違う、
グラタンならではの味を楽しみましょう。

オレンジのリキュールマリネ焼き

肉や魚をマリネするように、
フルーツを油と塩でマリネして焼くグラタンです。
超簡単＆素材の持ち味を生かせるうれしいメニュー。

オーブン：200℃／10分
トースター：8分

材料　2人分

オレンジ	3個
レモン	1個
コアントロー	大さじ2
オリーブ油	大さじ1
岩塩(または粗塩)	小さじ1
ミント	適量

作り方

1. オレンジは皮をむいて厚さ1cmの輪切りにする。レモンも皮をむき、厚さ5mmの輪切りにする。
2. 耐熱皿に入れ、コアントロー、オリーブ油を回しかけて塩をふる。200℃に温めたオーブンで10分焼き、みじん切りにしたミントを散らす。

甘みと香りの強い柑橘はグラタンに最適

オレンジにはしっかりした甘みと香りがあるので、焼くだけで凝縮した味になります。塩をふって焼くと、塩けとのバランスで甘みがよりしっかり感じられます。オリーブ油とコアントローをふることでパサつかず、風味もアップ。

りんごとナッツのカスタードグラタン

カスタード生地は、焼くとふんわりふくらみます。
香ばしいナッツとソテーした
りんごの食感とのバランスもいい。

オーブン：180℃／20分

作り方

1. りんごは皮つきのまま縦4等分に切り、種を取って縦に幅7〜8mmに切る。塩少々（分量外）を入れた水にサッとさらして水けをきる。アーモンドは粗くきざむ。
2. カスタード生地を作る。ボウルに卵とてん菜糖を入れて泡立て器で白っぽくなるまで混ぜる。薄力粉、アーモンドプードルを加えてさらによく混ぜ、粉っぽさがなくなったら牛乳を加えてよく混ぜる。
3. フライパンにバターを入れて弱めの中火にかけ、バターが溶けたらりんごを入れて両面に焼き目をつける。
4. 耐熱皿に入れてアーモンドをのせ、カスタード生地をかける。180℃に温めたオーブンで20分焼く。

材料　3〜4人分

- りんご …………………………… 2個
- アーモンド ……………………… 12粒
- カスタード生地
  - 卵 ……………………………… 2個
  - てん菜糖(またはグラニュー糖) … 大さじ2
  - 薄力粉 ………………………… 大さじ2
  - アーモンドプードル ………… 大さじ3
  - 牛乳 …………………………… 1カップ
- バター …………………………… 40g

さつまいものレーズンバターグラタン

黒砂糖のコクのある香りと、
たっぷりのバターがポイントです。
焼いている間に、さつまいもによくなじみます。

オーブン：180℃／12分
トースター：15分
（トースターの場合は
アルミホイルをかけて12分、
アルミホイルを外して3分）

材料　2人分
さつまいも ………………… 300g
レーズン …………………… 30g
洋酒（ブランデー、ラム酒など）… 大さじ2
黒砂糖 ……………………… 大さじ2
バター ……………………… 30g

作り方

1. さつまいもは皮つきのまま厚さ1cmの輪切りにし（大きいものは半月切り）、水にサッとさらして水けをきる。蒸し器で6分ほど蒸す。
2. 耐熱皿に入れ、レーズンをのせて洋酒をふり、黒砂糖、ちぎったバターを散らす。180℃に温めたオーブンで12分焼く。

＊さつまいもの下ごしらえは蒸し器がおすすめですが、電子レンジ(600W)を使うならラップをかけて約4分加熱して。

無花果とラム酒のオーブン焼き

ゴルゴンゾーラがソースがわり。
はちみつの甘みとラム酒の香りもきいている、
大人のグラタンです。

オーブン：200℃／12分
トースター：10分

材料　2人分
無花果 …………………… 3個
ゴルゴンゾーラチーズ … 20g
レモン(輪切り) …………… 2〜3枚
A｜はちみつ …………… 大さじ3
　｜ラム酒 ……………… 大さじ3
　｜レモン汁 …………… 大さじ1

作り方
1. 無花果は皮をむいて厚さ1cmの輪切りにし、耐熱皿に並べる。レモンの輪切りは半分に切る。
2. ちぎったチーズをのせてAをかけ、レモンをのせる。200℃に温めたオーブンで12分焼く。

ゴルゴンゾーラはフルーツと好相性
ゴルゴンゾーラなどの青カビチーズには独特な風味と強い香りがありますが、焼くとまろやかになって風味のよさが残ります。フルーツの甘みを引き締める印象で、互いを引き立て合う組み合わせです。

バナナとマシュマロのメープルグラタン

焼きバナナは、生とはまったく違うおいしさです。
マシュマロもとろけてソースがわりに。

オーブン：200℃／12分
トースター：11分
（トースターの場合は
アルミホイルをかけて8分、
アルミホイルを外して3分）

材料　2〜3人分
バナナ ………………… 3本
マシュマロ(小) ………… 15個
カッテージチーズ ……… 100g
メープルシロップ ……… 大さじ4
ブランデー …………… 大さじ2
シナモン ……………… 適量

作り方

1　バナナは皮をむいて長さを半分に切り、さらに縦半分に切る。

2　耐熱皿に入れてマシュマロ、カッテージチーズをのせ、メープルシロップ、ブランデーを回しかける。200℃に温めたオーブンで12分焼く。シナモンをふる。

洋梨のプディンググラタン

簡単なのに見栄えがよく、おもてなしにも喜ばれる一品。
卵と生クリームを食パンが吸い込んで、しっとり焼き上がり、
洋梨の繊細な香りが引き立ちます。
カリッと焼けた食パンのみみがまたおいしい。

オーブン：180℃／15分

材料　4人分

洋梨	2個
食パン(サンドイッチ用)	4枚
バター	20g
A｜卵	2個
｜牛乳	1/2カップ
｜生クリーム	1/2カップ
｜てん菜糖(またはグラニュー糖)	40g
ココナッツロング	20g

＊生の洋梨が手に入らない場合は
　缶詰2缶(500g)でも同様に作れます。

作り方

1　洋梨は皮をむき、縦半分に切って種を取り、幅7〜8mmに切る。耐熱容器にバターを入れて電子レンジ(600W)で20秒ほど加熱し、溶かしバターにする。

2　耐熱皿にサンドイッチ用食パンを敷いて(皿からはみ出してもよい)溶かしバターを全体にかけ、洋梨を並べる。

3　Aを混ぜ合わせて全体に回しかけ、ココナッツロングを散らす。180℃に温めたオーブンで15分焼く。

ワタナベマキ

料理家。季節を感じさせる作りやすいレシピに定評があり、雑誌や広告等で活躍。元グラフィックデザイナーならではの色彩豊かでデザイン性の高い盛り付け、スタイリングに加え、ファッションや暮らしなどのライフスタイルにもファンが多い。近著に『冷凍保存ですぐできる 絶品おかず』(家の光協会)、『そうざいサラダ』(主婦と生活社)など。

スタイリング	ワタナベマキ
撮影	新居明子
デザイン	大島達也(chorus)
編集	岡村理恵
プリンティングディレクター	栗原哲朗(図書印刷)
校正	ヴェリタ

グラタン・ドリア
絶対失敗しない王道レシピからクイックオーブン焼きまで
NDC596

2015年11月20日 発行

著 者	ワタナベマキ
発行者	小川雄一
発行所	株式会社 誠文堂新光社
	〒113-0033 東京都文京区本郷3-3-11
	(編集)電話03-5800-3614
	(販売)電話03-5800-5780
	http://www.seibundo-shinkosha.net/
印刷・製本	図書印刷 株式会社

©2015, Maki Watanabe.
Printed in Japan
検印省略
禁・無断転載

落丁・乱丁本はお取り替え致します。

本書のコピー、スキャン、デジタル化等の無断複製は、著作権法上での例外を除き、禁じられています。本書を代行業者等の第三者に依頼してスキャンやデジタル化することは、たとえ個人や家庭内での利用であっても著作権法上認められません。

Ⓡ〈日本複製権センター委託出版物〉本書を無断で複写複製(コピー)することは、著作権法上での例外を除き、禁じられています。本書をコピーされる場合は、事前に日本複製権センター(JRRC)の許諾を受けてください。
JRRC〈http://www.jrrc.or.jp〉 E-mail: jrrc_info@jrrc.or.jp 電話:03-3401-2382〉

ISBN978-4-416-71565-9